la moisson
l'épi de blé mûr
la boulangerie

Joelle Fauret
Maître formateur en I.U.F.M.

Laurence Guittard
Maître formateur en I.U.F.M.

Pierre Vuaflart
Professeur certifié de biologie - géologie

Arlette Weber
Maître formateur en I.U.F.M.

Avec la participation de :

André Billottet
Conseiller pédagogique

N.B. Ce livre est accompagné d'un cahier d'activités. Pour chaque leçon du livre, le renvoi aux pages du cahier est indiqué de la façon suivante :

Ce logo signifie : voir cahier d'activités pages 8 à 10 [8 / 10]

ISBN : 2.01.115839.7
© HACHETTE LIVRE 1995, 43, quai de Grenelle - 75905 Paris Cedex 15

LE VIVANT

Vivant ou

Tous peuvent bouger...

Le cadeau de Chloé

Pour son anniversaire, les parents de Chloé lui ont offert un superbe robot. Ce robot peut avancer, reculer, s'asseoir, attraper des objets avec sa pince et tourner la tête. Lorsqu'il bouge, ses yeux clignotent. Chloé peut lui parler et aussi chanter avec lui, car il contient une cassette.

Je lis l'image

1. Qui sont les trois personnages ? En quoi sont-ils différents les uns des autres ?

Je lis le texte

2. Que peut faire le robot ?

Je réponds

3. Le robot peut bouger. D'après toi, est-il un être vivant ?

non vivant ?

Voir cahier d'activités 2 4

Les hommes, les animaux, les plantes sont vivants

▲ **1.** Les êtres vivants se reproduisent. Ils donnent la vie.

▲ **2.** Ils se nourrissent, ils grandissent, ils respirent. À l'intérieur d'eux, du sang ou de la sève circule.

▼ **3.** Ils réagissent à la lumière, aux bruits, aux odeurs, au chaud et au froid...

▼ **4.** Les animaux sont vivants. Les végétaux sont vivants.

vivant
végétal
animal

Je vis, il vit,

Le temps passe...

François a planté un chêne

Je m'appelle François, j'ai 6 ans.
Je plante une pousse de chêne. Mon petit chien Dick a juste 1 an aujourd'hui...
Je m'appelle François, j'ai 76 ans, je me repose, avec mon petit-fils, sous le chêne que j'ai planté lorsque j'étais enfant. Mon vieux chien Dick est mort depuis longtemps.

Je lis les images

1. Observe les deux dessins. Énumère les êtres vivants.

Je lis le texte

2. Qui n'est plus sur le dessin n° 2 ? Pourquoi ?

Je réponds

3. Imagine une troisième partie à l'histoire de François.

De la naissance vers la vieillesse et la mort

▼ **1.** Comparons les durées de vie de ces trois êtres vivants :

Chiot de 6 mois

Vieux chien de 15 ans

Bébé de 6 mois

Homme âgé de 80 ans

Pousse de jeune chêne

Chêne de 200 ans

▼ **2.** Durée de vie moyenne de quelques végétaux (plantes)

le haricot 	**1 an**
la carotte 	**2 ans**
le cerisier 	**50 ans**
le chêne 	**200 ans**
le cèdre 	**2000 ans**

▼ **3.** Durée de vie moyenne de quelques animaux

la souris 	**2 ans**
le hérisson 	**5 ans**
l'oie 	**10 ans**
l'éléphant 	**55 ans**
la tortue 	**170 ans**

durée de vie
naissance
vieillesse
mort

Tous les êtres vivants naissent, grandissent, vieillissent et meurent. Mais la durée de vie n'est pas la même pour tous.

Que peut faire mon corps ?

1

2

3

Conversations dans un parc

LA GRAND-MÈRE : Comme les fleurs sentent bon !… Allez jouer plus loin, vous allez réveiller ma petite-fille qui dort dans la poussette !
ÉMILIE : Je me suis cassé le tibia en faisant du ski.
MADAME DUBOIS : Je sens déjà le bébé bouger. Je vais accoucher à Noël.
PIERRE : Mamie, j'ai envie de faire pipi.
LA GRAND-MÈRE : Tu as trop couru, tu es essoufflé, repose-toi un peu et mange un gâteau.

Je lis les images

1. Que font les enfants ? Décris chaque action.

Je lis le texte

2. Qui parle ? De quoi parlent les personnages ?

Je réponds

3. Nomme les parties de ton corps. Recherche tout ce que ton corps peut faire.

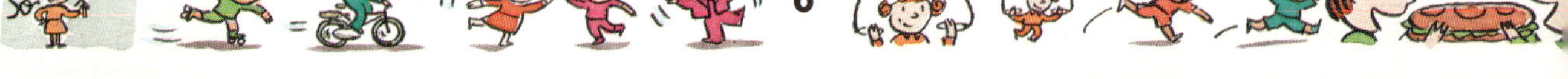

Je prends soin de mon corps

◄ **1.** Pour être en pleine forme, il faut dormir régulièrement et ne pas se coucher tard.

▼ **2.** Pour éviter les caries, il faut se brosser quotidiennement les dents et ne pas manger trop de sucreries.

◄ **3.** Il faut se laver tous les jours.

▼ **4.** Ton corps a besoin d'une alimentation variée et équilibrée. Pour bien grandir, il faut avoir une bonne hygiène de vie.

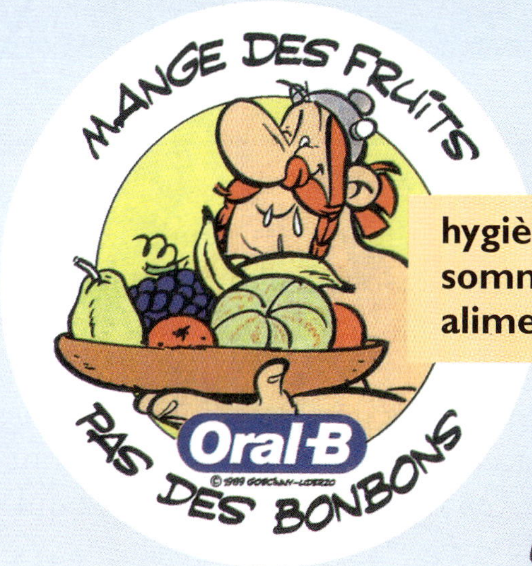

hygiène
sommeil
alimentation

Mon corps

Mobile ou immobile ?

Le jeu des statues

Des enfants bougent et courent.
Lorsque l'un des joueurs, le « sorcier », donne un coup de sifflet, les enfants s'arrêtent de bouger.
Ils doivent rester complètement immobiles, assis ou accroupis. Ceux qui bougent sont éliminés. On reprend le jeu avec ceux qui restent.

Je lis les images

1. Observe les deux photos. Que font les enfants ?

Je lis le texte

2. Pendant tout le jeu, à quoi faut-il être attentif ?

Je réponds

3. Imite les positions des enfants. Que ressens-tu à l'intérieur de ton corps ?

Mon corps est extraordinaire !

1

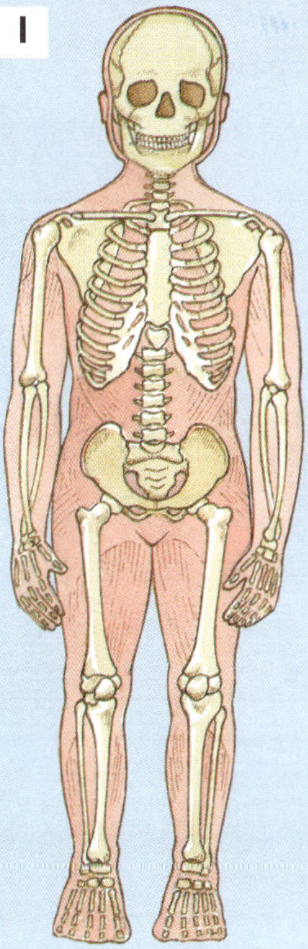

2

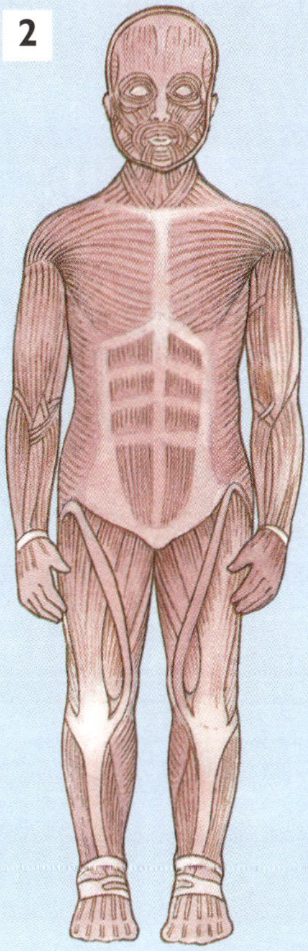

◄ **1.** Le corps est composé d'un squelette de plus de 200 os qui sont articulés entre eux.

◄ **2.** Les muscles sont attachés aux os par les tendons. Les os, les muscles et les tendons soutiennent le corps et permettent de faire des mouvements.

▼ **3.** Cinq sens nous permettent de recevoir les informations venues du monde qui nous entoure :

- Avec les yeux,
on voit les formes et les couleurs.
- Avec les oreilles,
on entend les bruits.
- Avec le nez,
on sent les odeurs.
- Avec la langue,
on reconnaît le goût des aliments.
- Avec la peau,
on sent le chaud, le froid, le dur, le mou…

squelette
muscles
yeux
oreilles
nez
langue
peau

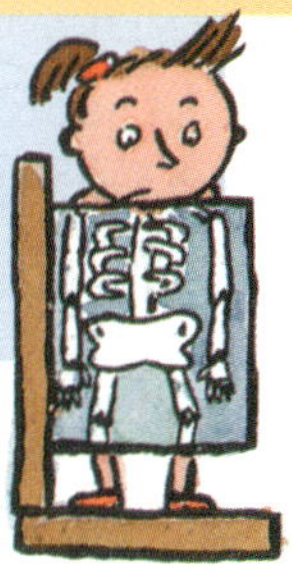

Qu'est-ce qu'on

À table !

1

2

C'est mercredi

MADAME LEROY : Tu manges encore un sandwich !
THOMAS LEROY : Je n'ai pas le temps de déjeuner. À 1 heure, j'ai un match de tennis.
MADAME LEROY : Ce n'est pas un repas équilibré. Prends au moins un yaourt ou un morceau de fromage !
THOMAS LEROY : J'ai déjà mis du gruyère et de la salade dans mon sandwich au poulet.
MADAME LEROY : Tu vas avoir chaud après ton match. Prends une bouteille d'eau !

Je lis les images

1. Décris ce que font les personnages. Quels aliments reconnais-tu ?

Je lis le texte

2. Pourquoi madame Leroy est-elle fâchée de voir son fils partir avec un sandwich ?

Je réponds

3. Que manges-tu pour ton petit déjeuner ?
Combien de repas prends-tu chaque jour ?
Pourquoi est-il nécessaire de bien se nourrir ?

Une bonne alimentation

1. Pour bien grandir et être en bonne santé :
- il faut manger de tout ;
- il faut boire au moins un litre d'eau par jour.

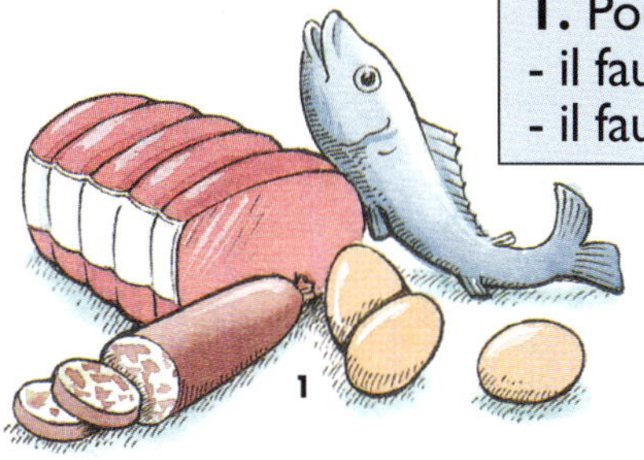

1

2

3

▲ La viande, le poisson, la charcuterie, les œufs	▲ Le lait et les produits laitiers	▲ Les céréales, les légumes secs et les produits sucrés
▼ Les matières grasses	▼ Les fruits et les légumes frais	▼ Les boissons

4

5

6

▲ **3.** Les enfants qui n'ont pas assez à manger ou qui ont une mauvaise alimentation grandissent mal et peuvent être très malades.

▼ **2.** Les personnes qui mangent trop et mal mettent leur santé en danger.

aliments
repas équilibré
santé

Nous avons besoin d'air

1

2

Le concours de plongée

Le maître nageur a jeté des anneaux au fond de la piscine. Pierre et Rachid vont les chercher. Rachid fait beaucoup de bulles et ramasse un anneau tandis que Pierre, à bout de souffle, remonte rapidement. « Bravo, Rachid, tu as gagné le concours de plongée ! »

Je lis l'image

1. Pourquoi l'enfant fait-il des bulles sous l'eau ?

Je lis le texte

2. Pourquoi Pierre remonte-t-il alors qu'il n'a pas ramassé d'anneau ?

Je réponds

3. Pourquoi ne peut-on pas rester très longtemps sous l'eau ?

L'air : un bien précieux

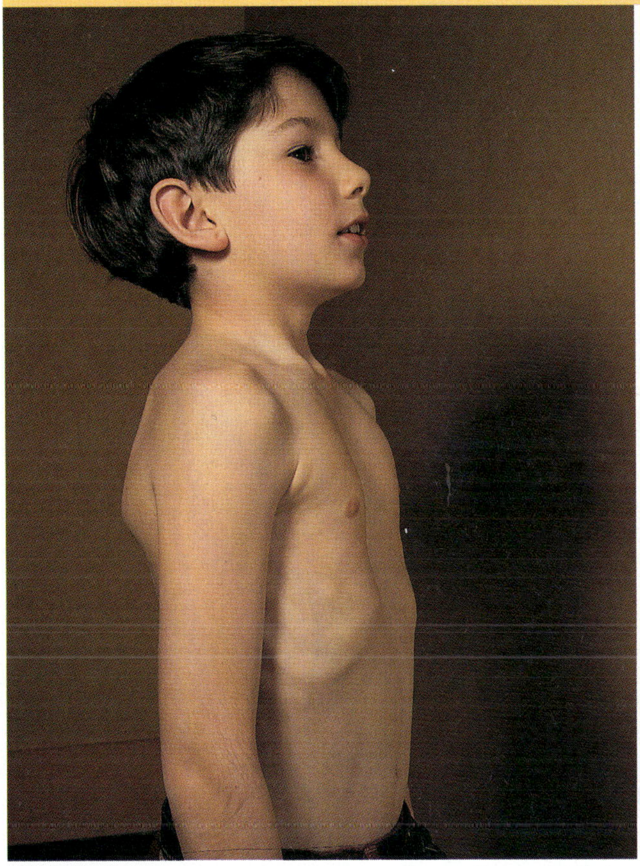

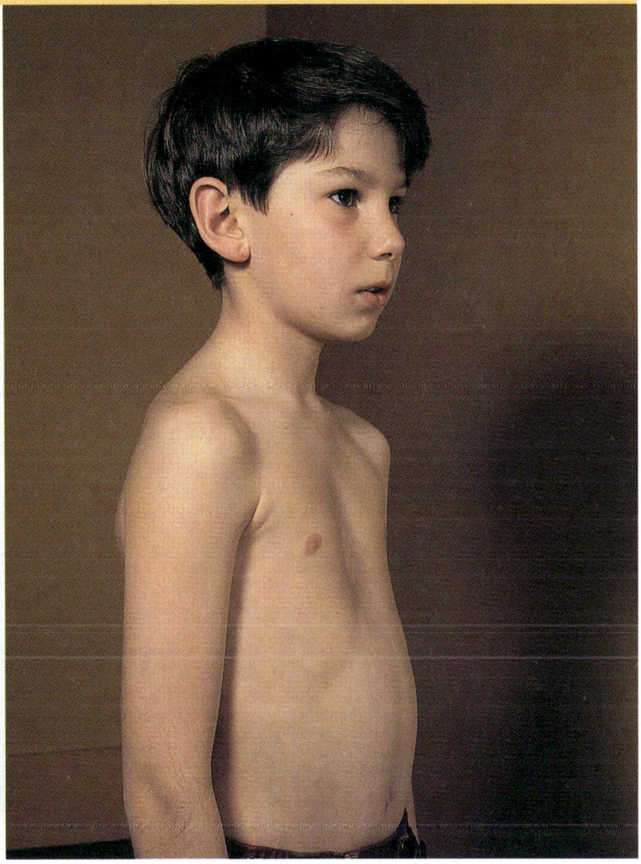

▲ **1.** J'inspire, mes poumons s'emplissent d'air. Ils se gonflent.

▲ **2.** J'expire, mes poumons se vident. Ils se dégonflent.

▼ **3.** Une pièce doit être aérée très régulièrement, surtout si des personnes ont fumé dedans.

▼ **4.** Pour vivre, l'homme a besoin d'air. Mais, parfois, l'air est pollué par des fumées d'usine ou des gaz d'échappement.

respiration
poumons
pollution de l'air
aérer

Promenade

Les habitants de la forêt

1

2

3

Un observateur attentif

« **S**ouvent Jacquou quittait billes et osselets, s'éloignait pour guetter, accroupi, immobile, la vie à peine perceptible : craquements de rameaux (est-ce un oiseau, est-ce un reptile, est-ce un rat qui change de lieu ?), tignasse d'un nid mêlée à la broussaille, glissement de bave à la traîne d'une limace, voyage de feuille en feuille d'un groupe de chenilles. »

Georges-Emmanuel Clancier, *La Halte dans l'été*, Éd. Robert Laffont.

Je lis les images

1. N'y a-t-il que des végétaux dans la forêt ?

Je lis le texte

2. Jacquou a observé des animaux, lesquels ?

Je réponds

3. Si tu vas te promener en forêt, quels autres animaux pourras-tu voir ?

20
22

Où se cachent-ils ?

chaîne alimentaire
milieu de vie

Tous ces animaux vivent dans la forêt et grâce à elle. C'est leur milieu de vie.
La baie est mangée par l'insecte ; l'insecte est mangé par l'oiseau ;
l'oiseau est mangé par le renard : c'est une chaîne alimentaire.

Au bord

Tout un monde s'y cache !

1

2

3

Le sais-tu ?

La tige du nénuphar peut s'allonger ou se raccourcir suivant la profondeur de l'eau.
La libellule parcourt, en volant, 7 mètres en une seconde.
Certains insectes, comme le gerris, marchent sur la surface de l'eau.
Les petites boules transparentes avec un point noir dedans, que l'on peut trouver, au printemps, sous l'eau, accrochées aux plantes, sont des œufs de grenouille.

Je lis les images

1. Trouve le nom de quelques « habitants » de l'étang. N'oublie pas les végétaux.

Je lis le texte

2. Trouve le nom d'un insecte qui vit près de l'étang.

Je réponds

3. Certains êtres vivants de l'étang sont plus difficiles à voir ; lesquels ?

23
25

Les « habitants » de l'étang

plantes et animaux aquatiques

Les êtres vivants qui se nourrissent, se déplacent et se reproduisent dans l'étang sont des animaux ou des plantes aquatiques.
Le plancton est mangé par l'insecte; l'insecte est mangé par le poisson; le poisson est mangé par le héron: c'est une chaîne alimentaire.

À la

Le bord de mer

1

2

3

À la pêche à la crevette

Chloé a préparé ses affaires pour aller à la pêche en bord de mer. Elle fait très attention de ne pas glisser sur les rochers.
En plongeant son épuisette dans l'eau, elle a trouvé des crevettes, un crabe, des petits poissons et des algues. Un peu plus loin sur la plage, elle a ramassé des coquillages pour compléter sa collection.

Je lis l'image

1. Observe le matériel utilisé pour la pêche. À quoi sert chaque objet ?

Je lis le texte

2. Quels animaux et quels végétaux Chloé a-t-elle attrapés dans son épuisette ?

Je réponds

3. Connais-tu d'autres animaux qui vivent en bord de mer ?

Un milieu qui change

▲ **1.** La marée basse

▲ **2.** La marée haute

▲ **3.** Des mulets en haute mer

marée haute
marée basse
rivage
plantes
et animaux marins

Les plantes et les animaux marins vivent selon les marées : ils peuvent rester hors de l'eau un certain temps. Mais on voit peu de gros poissons près du bord, car ils suivent le mouvement de la mer.

À la

Randonnée en montagne

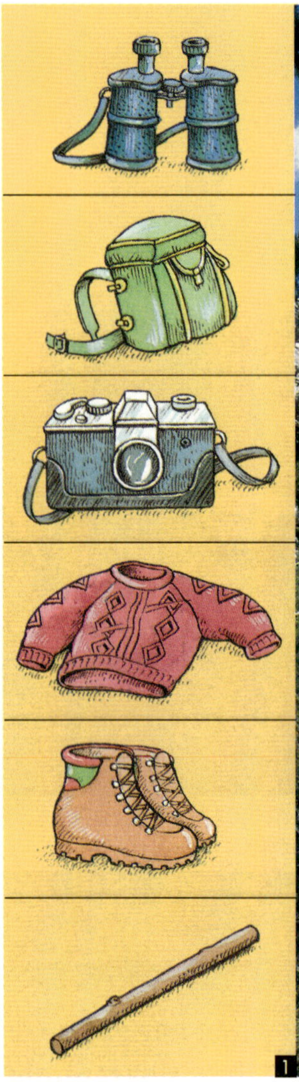
1

2

3

Respectons la montagne

Matthieu prépare ses affaires pour partir en randonnée avec sa grande sœur Sarah.
Il emporte des jumelles pour observer de loin les chamois et les aigles, sans les déranger.
Dans son sac, il rapportera quelques plantes pour son herbier.
Comme il est interdit de cueillir les espèces protégées, il a aussi pris son appareil pour les photographier.

Je lis les images

1. Quel est l'équipement nécessaire pour partir en montagne ?
   Que peut-on voir en montagne ?

Je lis le texte

2. Pourquoi ne peut-on pas cueillir certaines plantes ?

Je réponds

3. Connais-tu d'autres animaux et plantes de montagne que ceux dont on parle dans le texte ?

La faune et la flore de montagne

espèces protégées
faune
flore

Les animaux (la faune) de montagne sont capables de vivre à très haute altitude. Les végétaux (la flore) sont différents selon l'altitude. Ils deviennent de plus en plus rares au fur et à mesure que l'on s'approche du sommet.

J'élève des

Un endroit pour vivre

1

2

Installe un paludarium

Si tu veux élever des animaux amphibies (qui peuvent vivre sur terre et dans l'eau), comme la grenouille, la salamandre, la tortue d'eau, installe dans le paludarium le matériel suivant : une cuvette peu profonde avec quelques plantes aquatiques, une petite plage de cailloux et un peu de mousse. Ferme le paludarium avec un grillage. Change l'eau tous les trois jours.

Je lis les images

1. Observe les enfants. Que font-ils ?

Je lis le texte

2. Qu'est-ce qu'un animal amphibie ? Donne quelques exemples.

Je réponds

3. Pourquoi a-t-on besoin d'eau pour cet élevage ?

32
34

Des œufs de grenouille

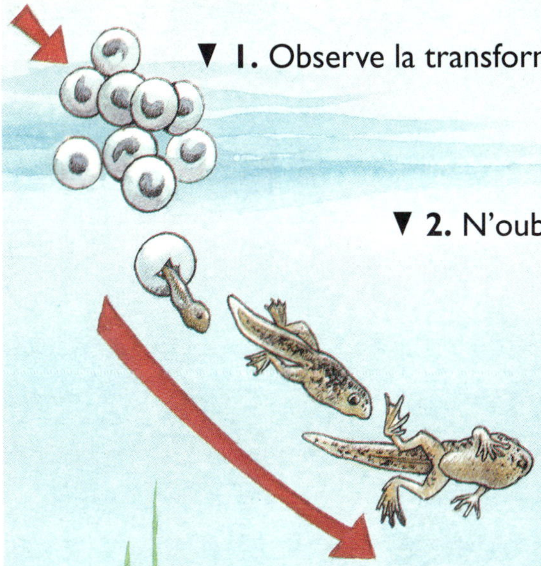

▼ **1.** Observe la transformation des œufs.

▼ **2.** N'oublie pas de nourrir les têtards.

◄ Les trois premières semaines, donne-leur de la salade cuite écrasée,

◄ puis des petits vers de terre,

▲ ou de la viande hachée.

élevage
nourriture
observation

Dès que la métamorphose est terminée, il faut remettre les grenouilles en liberté dans leur milieu de vie. Tu ne pourrais plus les nourrir.

Faisons des

Je plante... comment ?

2

1

3

Le guide du petit jardinier

La culture des radis est très intéressante, car ils poussent très vite. Tu peux semer certaines variétés de graines en pleine terre, à partir du mois de mars.
Il existe des radis ronds à semer en surface et des radis longs à semer à 2 centimètres de profondeur. Arrosés régulièrement, les radis pourront être récoltés 4 ou 5 semaines plus tard.

Je lis les images

1. Que vois-tu dans cette serre ? Quels sont les outils du jardinier ?

Je lis le texte

2. Que fait le jardinier pour faire pousser les radis ?

Je réponds

3. Que sème-t-on dans un jardin ? À quelle période de l'année ferais-tu des plantations ?

plantations

35
36

De la graine à la plante

▼ **1.** Voici quelques sortes de graines :

▼ **2.** On peut directement les semer en terre. Mais pour les voir germer, on les place dans du coton humide et dans un endroit sombre et chaud. Voici ce que tu pourras observer :

la germination
de la graine de haricot

▼ **3.** Tu peux aussi obtenir des plantes avec :

un bulbe

un tubercule

semer
planter
arroser
germer
récolter

Au rythme

Prêt pour l'hiver ?

C'est l'hiver

En hiver, lorsqu'il fait froid et que la terre est recouverte de neige, certains animaux « s'équipent » contre le froid :
– le pelage de l'ours et de la marmotte devient plus épais ;
– le pelage du renard gris, du lièvre variable, et le plumage de la perdrix des neiges deviennent blancs et plus épais.

Je lis les images

1. Quels animaux vois-tu ? Décris-les.

Je lis le texte

2. Comment certains animaux se transforment-ils en hiver ?

Je réponds

3. Connais-tu des animaux qui ne vivent pas de la même façon l'été et l'hiver ?

37
39

La ronde des saisons

1. Le printemps : la végétation repousse. Les arbres ont des feuilles et des fleurs. Les animaux font leurs petits.

2. L'été : les animaux continuent leur vie. La plupart des fruits sont mûrs. C'est le temps des récoltes.

3. L'automne : les arbres perdent leurs feuilles. Certains animaux, comme l'écureuil, ramassent des provisions. Des oiseaux migrateurs, comme les hirondelles, partent dans les pays chauds pour y passer l'hiver.

hibernation
hivernage
migration

4. L'hiver : la végétation est au repos. Les arbres n'ont plus de feuilles. Les animaux hivernent (restent à l'abri du froid), certains hibernent (dorment) ou bien changent.

À travers

Souvenirs de voyage

1

2

3

L'album de photos

L'oncle de Myriam est un grand voyageur. L'an dernier, il a participé à une expédition au Groenland et il a rapporté beaucoup de photos d'animaux de la banquise pour la collection de Myriam. Cette année, il a traversé le désert du Sahara. Aujourd'hui, Myriam a décidé de classer toutes ses photos.

Je lis les images

1. Quels animaux reconnais-tu sur ces photos ?

Je lis le texte

2. Où l'oncle de Myriam a-t-il voyagé ?

Je réponds

3. Connais-tu des animaux qui vivent dans ces régions ?

Dans les pays chauds, dans les pays froids

▲ 1. Dans le désert, les animaux se cachent dans le sable pour se protéger du soleil.

▲ 2. Parfois, dans le désert, la présence d'eau crée un milieu particulier : l'oasis.

▼ 3. Le manchot est un oiseau qui nage parfaitement et se nourrit de poissons.

▼ 4. Le phoque possède une importante couche de graisse qui le protège du froid.

désert
oasis
banquise

Joelle Fauret
Maître formateur en I.U.F.M.

Laurence Guittard
Maître formateur en I.U.F.M.

Pierre Vuaflart
Professeur certifié de biologie - géologie

Arlette Weber
Maître formateur en I.U.F.M.

Avec la participation de :

André Billottet
Conseiller pédagogique

LA MATIÈRE

LA MATIÈRE 1

L'eau dans

De l'eau... beaucoup d'eau

1

2

Une journée en mer

Aujourd'hui, Pierre se lève de bonne heure. Il est très fier d'accompagner son oncle à la pêche en mer. C'est la première fois que Pierre monte sur un bateau de pêche. Les filets pour les sardines et les casiers pour les homards sont déjà prêts. Les vagues ne sont pas très fortes. Une heure plus tard, il se met à pleuvoir.

Je lis l'image

1. Décris et compare les trois photos. Laquelle correspond au texte ? Que sais-tu de l'eau de mer ?

Je lis le texte

2. Cite ce que Pierre va rapporter de sa pêche.

Je réponds

3. Qui a besoin d'eau ? Précise s'il s'agit d'eau salée ou d'eau douce.

Voir cahier d'activités 44 45

L'eau : indispensable à la vie

▲ 1. Pour vivre, l'eau est nécessaire. Tous les êtres vivants ont besoin d'eau.

▲ 2. Une trop grande sécheresse est catastrophique pour les êtres vivants.

▼ 3. L'inondation met en danger les animaux, les hommes et les habitations.

▼ 4. La pollution de l'eau est dangereuse pour les plantes, les animaux et les hommes.

eau salée
eau douce
sécheresse
inondation
pollution

Eau, où

L'eau dans tous ses états

1

2

3

4

5

6

7

8

9

Le lac gelé

Ce matin, il ne neige plus, mais le froid est de plus en plus vif. La campagne est toute blanche. Marion et Maman font du patin à glace.
– Maman, regarde, je patine comme les championnes.
– Fais attention !
Patatras ! Marion termine en effet sa pirouette sur les fesses. Heureusement la glace est solide.

d'après Cl.V. Bizot, *Des jours et des saisons : Dicojeux*, Hachette.

Je lis les images

1. Décris chaque photo.
Dans chacune des photos, l'eau se présente différemment.
Trouve le nom correspondant.

Je lis le texte

2. Pourquoi est-il dangereux de patiner sur un lac gelé ?

Je réponds

3. Pourquoi une flaque d'eau ou un lac peuvent-ils geler ?

es-tu passée ?

46
47

C’est toujours de l’eau !

Observe ces situations : ▼ **1.** L’eau devient de la vapeur d’eau.

▼ **2.** L’eau devient de la glace.

▼ **3.** La neige fond et devient de l’eau.

eau
vapeur d’eau
glace
neige

L'eau dans la vie

L'eau à la maison

Le trajet de l'eau

Géraldine a visité une usine de traitement des eaux. C'est là que l'eau, puisée dans la nature (par exemple, dans des sources ou des nappes d'eau souterraines), est « nettoyée », avant d'arriver dans les maisons.
Géraldine sait maintenant pourquoi elle peut boire l'eau du robinet (on dit que l'eau est potable).

Je lis l'image

1. Quelles sont les différentes utilisations de l'eau dans la maison ?

Je lis le texte

2. À quoi sert une usine de traitement des eaux ?

Je réponds

3. Sais-tu où va l'eau après son utilisation ?

Attention au gaspillage !

▲ 1. Un bain = **150 litres** environ
Une douche = **60 litres** environ

▲ 2. Un robinet qui coule pendant une heure = **300 litres** environ

▼ 3. Pendant que tu te laves les dents :
l'eau qui coule = **15 litres** environ
avec un verre à dents = **0,5 litre** environ

▼ 4. La voiture lavée au jet = **500 litres**
avec un seau = **50 litres**

eau potable
eau non potable
gaspillage

L'air est

Comme un oiseau

1

3

2

Le baptême de l'air

En haut de la falaise, des hommes se préparent à faire leur premier vol en deltaplane. José les aperçoit dans le ciel et se demande comment ils peuvent voler sans moteur. Son père lui explique que c'est grâce aux ailes, qui sont portées par l'air, que le deltaplane peut planer.

Je lis les images

1. Quels engins vois-tu ? Où sont-ils ?

Je lis le texte

2. Pourquoi le deltaplane peut-il planer ?

Je réponds

3. Connais-tu des objets qui ont besoin d'air pour fonctionner ?

50
51

Deux expériences avec l'air

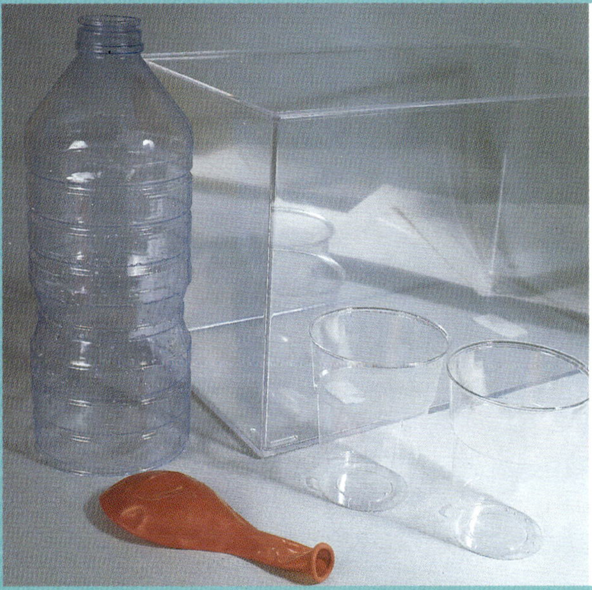

Matériel :

Un aquarium rempli d'eau,

une bouteille en plastique vide

coupée à sa base,

deux gobelets,

un ballon gonflable.

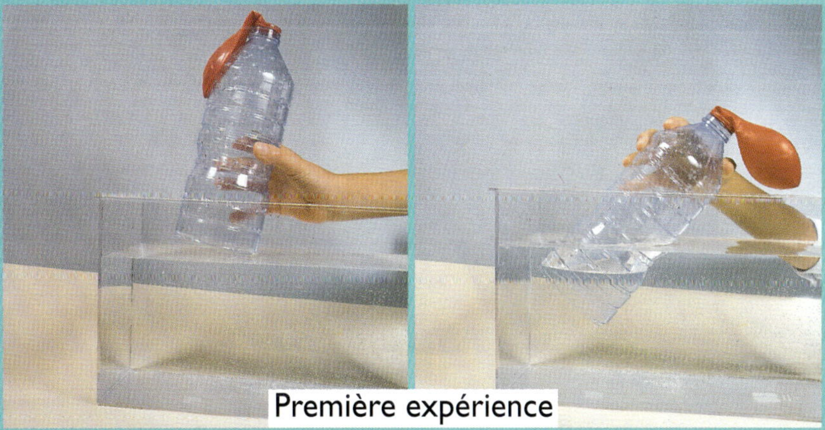

Première expérience

◄ Première expérience :

1. Observe les photos et imagine ce qui va se passer.

2. Poursuis l'expérience.

3. Vérifie tes hypothèses.

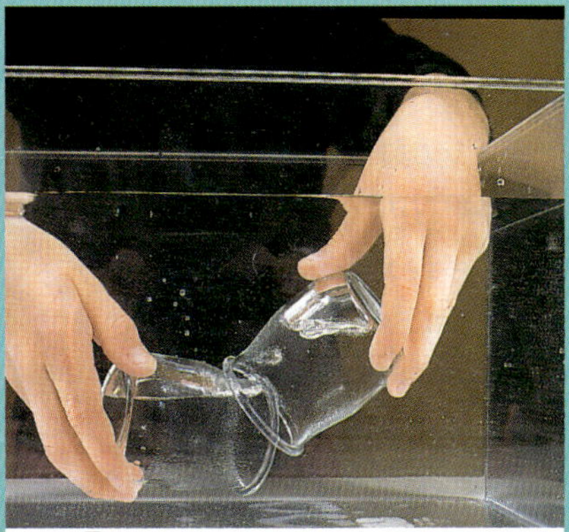

Deuxième expérience

◄ Deuxième expérience :

1. Comme sur la photo, plonge les gobelets dans l'eau.

2. Observe ce qui se passe.

3. Communique tes résultats à tes camarades.

air
planer
invisible

L'air est partout autour de nous, mais il est invisible.

LA MATIÈRE 5

La température

Brr... Il fait froid !

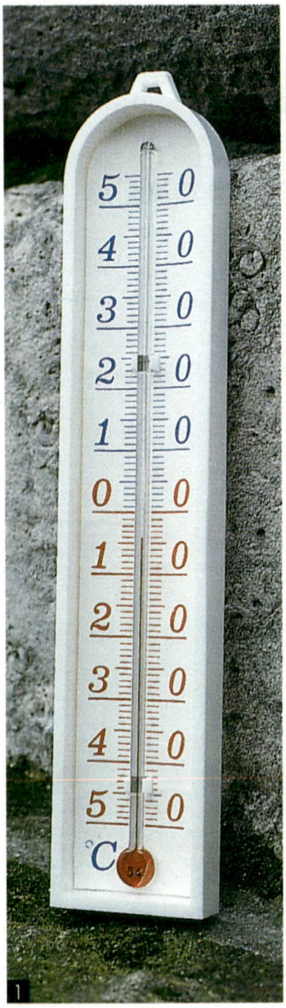

1

2

Le bulletin météorologique

Samedi 26 novembre

- Arrivée d'une vague de froid sur l'est du pays.
- Vent violent et nuages persistants.
- Les températures seront basses avec 2 à 3 degrés le matin et 5 à 6 degrés l'après-midi.

Dimanche 27 novembre

- Ciel clair, mais le froid persiste et s'accentue.
- Premières gelées. Le thermomètre indique :
– en région parisienne, 4 degrés en dessous de 0 ;
– à Nancy, 10 degrés en dessous de 0.

Je lis les images

1. Pourquoi n'y a-t-il personne dans le jardin ?
Quelle température indique le thermomètre ?

Je lis le texte

2. Quels sont les mots qui indiquent qu'il fait froid ou qu'il va faire froid ?
Quelle est la température prévue à Nancy le 27 novembre ?

Je réponds

3. Dans quelles autres situations utilise-t-on un thermomètre ?
Comment se mesure la température ?

52
53

Observe et fabrique un thermomètre

Matériel :

Une balle de ping-pong percée,

de la colle,

une paille très fine,

du ruban adhésif,

de l'eau colorée avec de l'encre rouge.

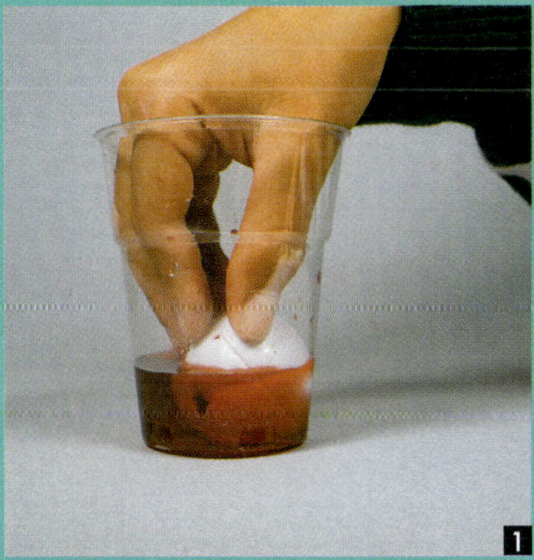

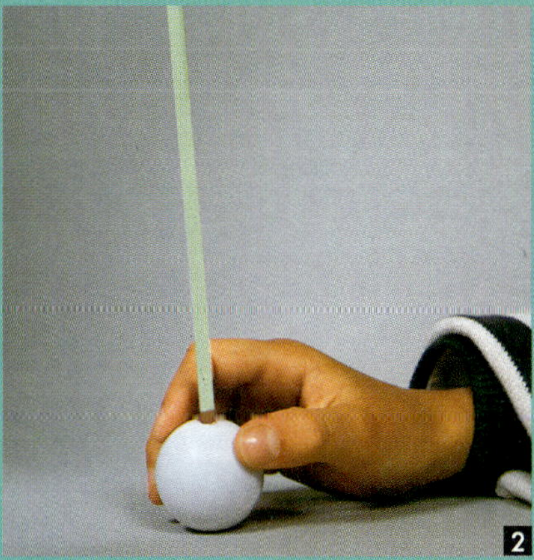

1. Plonge la balle dans le gobelet pour la remplir d'eau colorée jusqu'au bord.

2. Enfonce la paille dans la balle. Ensuite colle la paille à la balle.

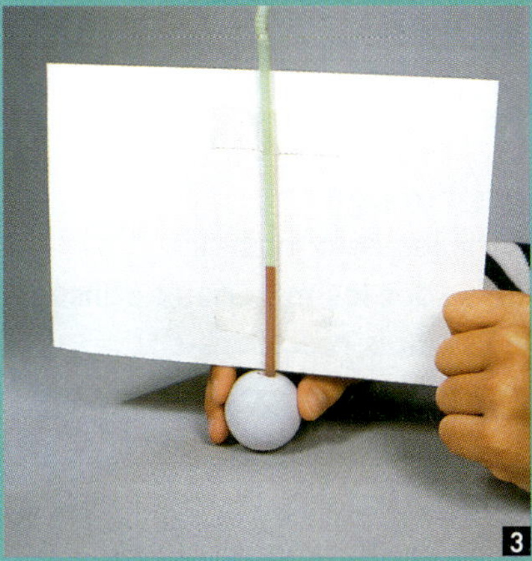

3. Avec du ruban adhésif, fixe la paille sur une feuille de papier.

4. Chauffe la balle de ping-pong au creux de tes mains.

L'eau colorée monte.

Fais une marque sur la feuille à l'endroit où elle s'est arrêtée.

thermomètre
température
degré
se dilater

La température se mesure en degrés. On la lit sur les graduations du thermomètre. Lorsque la température s'élève, le liquide contenu dans le réservoir du thermomètre se dilate et monte dans le tube.

Une maison pour l'hiver

1

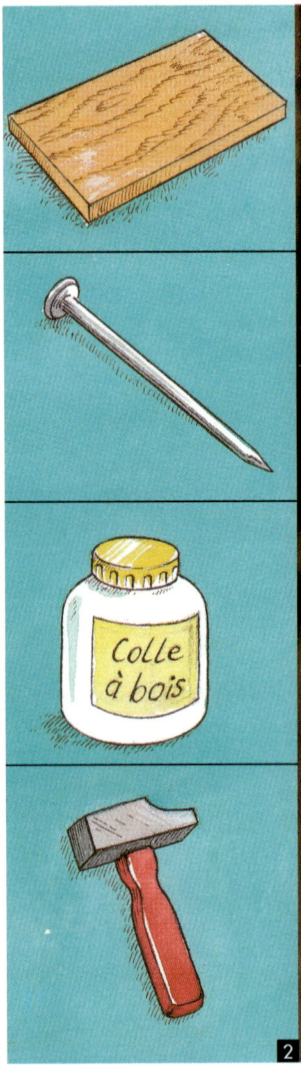

2

3

Vite à l'abri !

L'hiver est dur pour les petits oiseaux ! Pour les aider, il faut les nourrir, mais aussi leur construire des abris. Sylvain a demandé à son grand-père comment fabriquer un nichoir.
« Tu prends un pot de fleurs en terre. Tu perces un trou au fond. Ensuite, tu attaches une planche en bois sur un arbre. Tu y fixes le pot avec du fil de fer, le fond percé orienté vers toi. C'est par le trou que l'oiseau rentre dans l'abri. »

Je lis l'image

1. Décris les deux nichoirs.
   Quels sont les matériaux utilisés ?
   Quels outils reconnais-tu ?

Je lis le texte

2. À quelle saison les oiseaux ont-ils besoin d'un abri ?
   Quelle est la proposition du grand-père de Sylvain ?

Je réponds

3. Où placerais-tu les nichoirs ?

Un nichoir tout simple

Matériel : *des planches, de la colle à bois, des clous, un marteau.*

▼ **1.** Le maître te donne 5 planches :

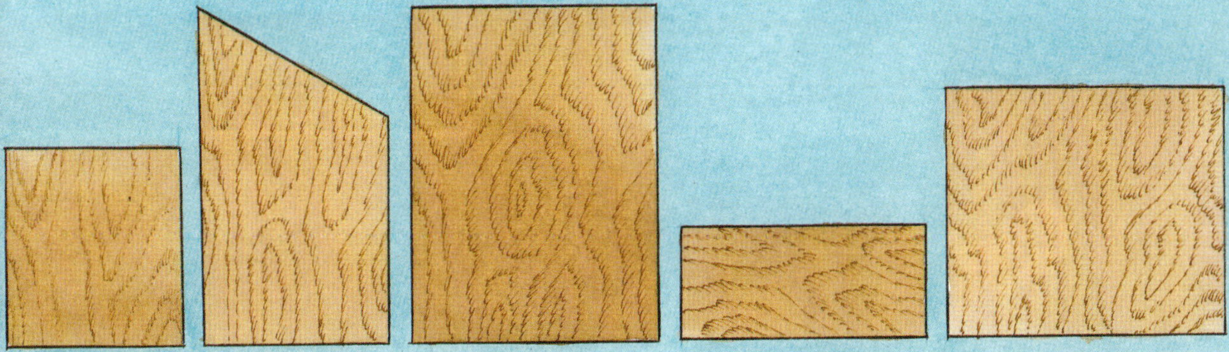

▼ **2.** Colle à l'aide de colle à bois puis cloue les éléments en suivant les dessins.

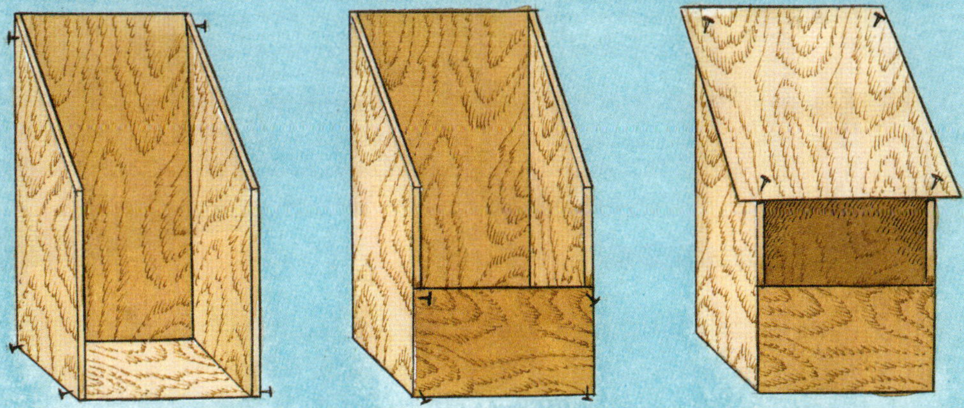

▼ **3.** Maintenant, avec les pièces mécaniques d'un Meccano, construis la maquette du nichoir.

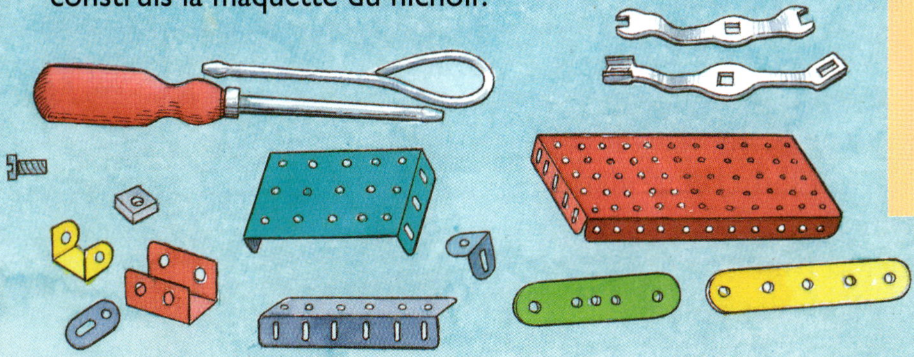

bois
métal
outils
clouer
visser

Des objets

Des objets mobiles

Matériel LEGO DACTA®

Quel drôle de pantin !

A-t-il l'air amical ou bien essaie-t-il d'être effrayant ? Une fois monté, tu peux faire bouger les bras du pantin en actionnant les ficelles. Ce personnage peut faire la circulation et indiquer à une voiture si elle doit s'arrêter ou si elle peut continuer sa route.
Ses bras s'orientent vers la droite ou bien vers la gauche.

Je lis l'image

1. Quel est le point commun entre le jouet et la barrière de chemin de fer ?

Je lis le texte

2. Qu'est-ce qui permet de faire bouger les bras du pantin ?

Je réponds

3. Utilises-tu des objets articulés dans la vie de tous les jours ? Lesquels ?

56
57

Un robot à construire

Matériel :

Une règle, des ciseaux,
un crayon à papier,

du carton fin
ou des fiches bristol,

des attaches parisiennes n° 0,
de la peinture ou des feutres.

1

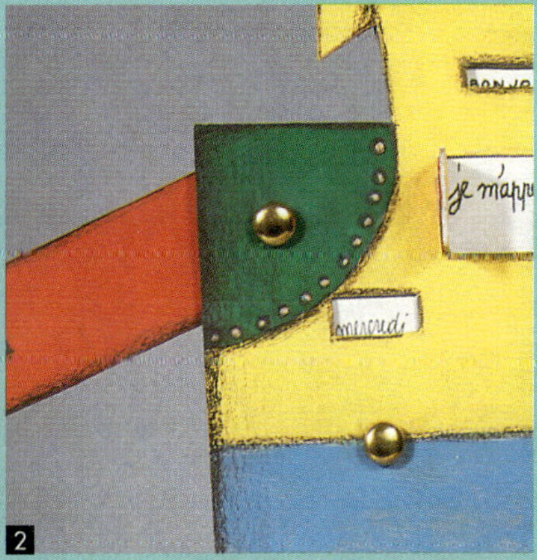

2

1. Découpe le patron (donné par le maître) et colle les différentes pièces sur du carton.

Place les attaches parisiennes.

2. Le bras du robot pivote (tourne) autour de l'axe.

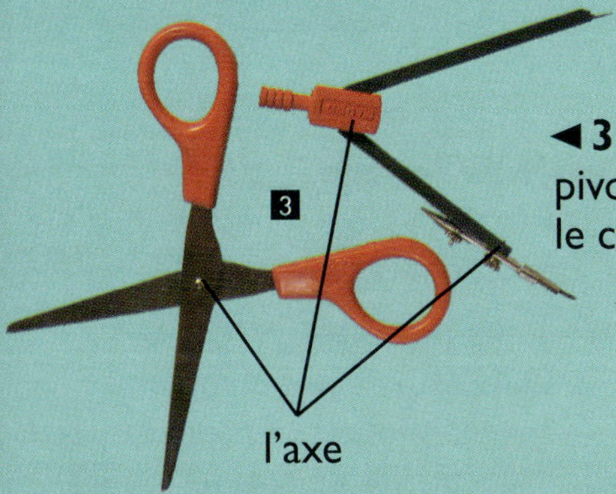

◄ **3.** Voici d'autres objets qui pivotent autour d'un axe : le compas et la paire de ciseaux.

articuler
pivoter
autour d'un axe

L'axe permet d'articuler les deux parties d'un objet.

Des objets

Choisis ton cadeau

Dans un catalogue de jouets

Lorsque le robot « dialogue » avec toi, ses yeux clignotent. Il fonctionne avec 4 piles R20.
La voiture peut parcourir des centaines de mètres. Elle fonctionne avec 2 petites piles rondes LR6.
Le magnétophone enregistre les paroles, la musique, les bruits. Il fonctionne avec 4 grosses piles rondes.

Je lis l'image

1. Parmi tous ces jouets, lesquels fonctionnent avec des piles ?

Je lis le texte

2. Quel est le point commun à ces trois jouets ? Quelle est la particularité de chaque jouet ?

Je réponds

3. Connais-tu d'autres objets qui fonctionnent avec des piles ?

à piles

58
59

Ça fonctionne !

▼ **1.** La mise en marche :

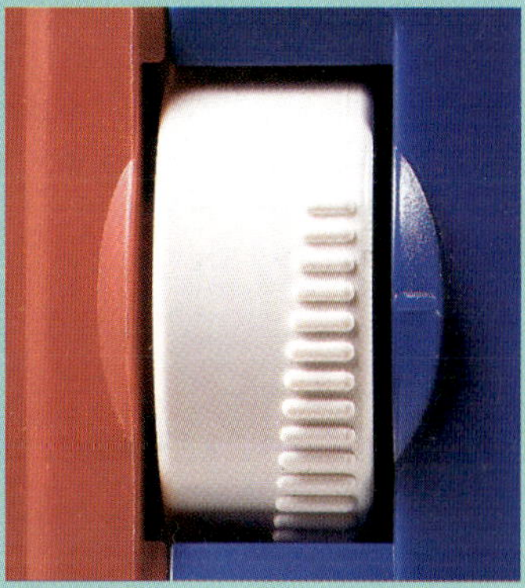

le bouton qui tourne

le bouton pressoir

la touche

la manette

▼ **2.** Les piles :

la pile plate

la pile ronde

la pile bouton

la grosse pile ronde

▼ **3.** Attention, pour changer tes piles,
observe soigneusement le schéma du fond du boîtier :

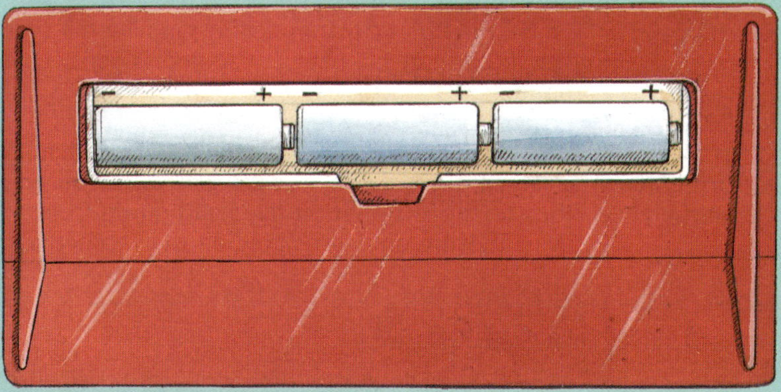

pile
boîtier
schéma

20 mots clés pour comprendre le vivant et la matière

LE VIVANT

L'ALIMENTATION : c'est le fait de se nourrir pour un être vivant.

LA CHAÎNE ALIMENTAIRE : on appelle ainsi une suite d'êtres vivants qui se nourrissent les uns des autres.
Exemple : l'herbe est mangée par le lapin qui est mangé par le renard qui est mangé, à son tour, par l'aigle.

LA DURÉE DE VIE : c'est le temps qui passe entre la naissance et la mort.

LES ESPÈCES PROTÉGÉES : ce sont des groupes d'êtres vivants qu'il est interdit de détruire, parce qu'ils risquent de disparaître totalement de la Terre.

LES ÊTRES VIVANTS : ils se nourrissent, grandissent, réagissent et se reproduisent.
Exemple : les végétaux, les animaux, l'homme.
Les objets ne sont pas des êtres vivants.

EXPIRER : c'est faire ressortir l'air des poumons par le nez ou par la bouche.

INSPIRER : c'est faire entrer de l'air dans les poumons par le nez ou par la bouche.

LA FAUNE : c'est l'ensemble des animaux qui peuplent une région.

LA FLORE : c'est l'ensemble des végétaux qui poussent dans une région.

L'HIBERNATION : pendant la mauvaise saison, certains animaux, comme la marmotte, vivent «au ralenti», sans se nourrir et sans sortir de leur refuge.

L'HYGIÈNE : ce sont les règles de vie qui permettent au corps d'être en bonne santé.
Exemple : bien dormir, se laver les dents, faire du sport...

LA MIGRATION : c'est le déplacement saisonnier de certains animaux, comme les hirondelles ou les saumons, vers d'autres lieux, pour éviter le froid ou se reproduire.

LE MILIEU DE VIE : c'est un endroit particulier dans lequel des êtres vivants (animaux et végétaux) vivent ensemble.
Exemple : l'étang, la forêt, le désert, la savane...

LE PLANCTON : c'est un ensemble d'animaux et de végétaux microscopiques aquatiques.

LA MATIÈRE

L'AXE : c'est la partie fixe autour de laquelle quelque chose peut tourner.
Exemple : l'axe de la paire de ciseaux permet aux deux branches d'être mobiles.

UNE EXPÉRIENCE : c'est une action qui permet de vérifier si ce qu'on pense est vrai.
On dit «vérifier une hypothèse».

LA MATIÈRE : les objets peuvent être faits d'une ou de plusieurs matières.
Exemple : une caisse en bois, une couverture en laine, une bouteille en plastique, une scie en métal et en bois.

UN OBJET : c'est une chose non vivante fabriquée par l'homme.
Exemple : un jouet, une table, un marteau, un coussin, un ordinateur.

LA POLLUTION : c'est le rejet dans l'air, dans l'eau ou sur la terre, de produits dangereux qui peuvent abîmer ou détruire les êtres vivants.
Exemple : du pétrole dans la mer (marée noire), les fumées d'usine...

LE SCHÉMA : c'est un dessin simplifié qui sert d'explication et qui peut être compris par tout le monde.

LA TEMPÉRATURE : lorsqu'on est malade, la température du corps s'élève. C'est ce qui nous donne la sensation du chaud ou du froid. On la mesure en degrés avec un thermomètre.

Imprimé en France par I.M.E. - 25110 Baume-les-Dames
Dépôt légal n° 0337-08/1998 - Collection n° 63 - Edition n° 05
11/5839/3

Crédits photographiques

couverture Labat/Jerrican - Luc de Tienda/Sea and See - R. Planck/Jacana - B. Drake/Vloo ***2*** L. Guittard (auteur) ***3*** G. Dellaborde/Bios - Petzold - Petzold - Agence Top ***4*** Petzold - G. Lacoumette/Bios ***5*** Ch. Fleurent/Agence Top - Ch. Fleurent/Agence Top - V. Winckler/Agence Top - P. Hussenot/Agence Top - Petzold - Baillet ***6*** - Chauvet/Jerrican - B. Bardinet/Kipa - Clément/Jerrican ***7*** Affiches éditées et diffusées par le Comité français d'éducation pour la Santé, rue Auguste Comte, Vanves - Doc. Oral B © 1995 Les Éditions Albert René/Goscinny-Uderzo ***8*** L. Guittard (auteur) - B. Bardinet ***9*** G. Sioen/Agence Top ***10*** P. Hussenot/Agence Top - S. Fournier/Agence Top ***11*** J. P. Duchêne/Diaf - A.G. Boutin/Hoa-Qui ***12*** D. Barrault/Safaga - B. Bardinet ***13*** J.R. Martin - Petzold ***14*** Baillet ***16*** Baillet - G. Marineau/Agence Top - Baillet ***18*** Baillet - D. Skarwinski/Sea and See ***19*** Petzold - Petzold - J. C. Fayet/Sea and See ***20*** S. Legalpe - Baillet ***22*** L. Guittard (auteur) - Baillet ***24*** R. Mazin/Agence Top - M. Duyck/ M.A.P. ***26*** Klein-Hubert/Bios - Baillet ***28*** M. Ascani/Hoa-Qui - Daniel J. Cox/Hoa-Qui - J .J. Alcalay/Bios ***29*** - M. Gunther/Bios - J. Bichet/Agence Top - Seitre/Bios - D. Barrault/Sea and See ***32*** R. Leguen/Colibri - M. Gunther/Bios - Ha Segalen/Agence Top ***33*** Baillet - C. Pavard/Hoa-Qui - B. Gillete/Hoa Qui - Petzold ***34*** Petzold - Ph. Royer/Hoa-Qui - J.P. Delobelle/Bios - Ph. Royer/Hoa-Qui - Petzold - Petzold - Petzold - P. de Wilde/Hoa-Qui - Petzold ***37*** Ph. Roy/Hoa-Qui - Gaillard/Jerrican - Petit Format - Sebag/Jerrican ***38*** R. Poinon/Pix - F. et J. .L. Ziegler/Pix - C. Purcell/Agence Top ***39*** J. R. Martin ***40*** N. et P. Mioulane/M.A.P. - J.R. Martin ***41*** J.R. Martin ***42*** D. Seignez/Colibri - E. Kraft/Colibri ***44*** © LEGO S.A. BP 837 28 011 Chartres Cedex «Avec l'aimable autorisation de LEGO Dacta, LEGO S.A». - Centre audiovisuel SNCF ***45*** J.R. Martin ***46*** J.R. Martin ***47*** J.R. Martin

Conception et réalisation de la maquette intérieure : **Guylaine Moi**

Conception et réalisation de la couverture : **Pierre Léotard**

P.A.O. et photogravure : **Nord Compo**

Illustrations : **Noëlle Le Guillouzic**

Frises : **Nathalie Dieterlé**

Illustrations des pages de garde : **Jocelyne Santos**

(documentation E.P.I. pour la page sur le pain)

De la source à l'eau potable